SOUVENIRS D'ITALIE

PAR

MADAME CÉCILE RAY

PARIS-AUTEUIL

IMPRIMERIE DES APPRENTIS ORPHELINS

40, RUE LA FONTAINE, 40

—

1878

SOUVENIRS D'ITALIE

PAR

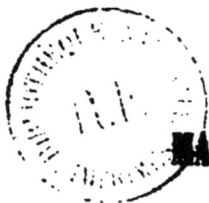

MADAME CÉCILE RAY

———•═◆═•———

PARIS–AUTEUIL

IMPRIMERIE DES APPRENTIS ORPHELINS

40, RUE LA FONTAINE, 40

—

1878

SOUVENIRS D'ITALIE

Je pars pour Rome ! Que de bonheur dans ce mot pour une âme pieuse et enthousiaste ! Que de jouissances on se promet ! L'inconnu qui a tant d'attraits, on va le voir, le toucher presque avec la main ; l'imagination travaille et double le plaisir du voyage ; mais pour jouir de tout cela il faut quitter sa famille, ses amis ; il y là un moment très-pénible ; le cœur se serre et c'est avec peine qu'on retient quelques larmes. Reverra-t-on, au retour, tous ceux qu'on laisse ? Quelques-uns auront-ils quitté cette terre ? Ou bien, ce qui est presque aussi affreux, on va bientôt s'habituer à votre absence, vous oublier enfin !

Ne peut-on pas soi-même rendre son âme

à Dieu dans les pays étrangers, sans une parole amie pour vous encourager ? Six mois, c'est si court pour la vie, et si long pour l'absence !...

La locomotive vole et change à chaque instant votre horizon ; tout doucement les noires pensées se dissipent, et, la raison aidant, on se promet de profiter du plaisir du moment, et d'espérer pour l'avenir ; ce n'est certes pas sans avoir chanté en soi-même un cantique d'actions de grâces pour remercier Dieu de toutes ses bontés, et pour lui demander que sa Providence nous accompagne pendant ce long voyage.

LYON.

Je n'ai pas trouvé cette ville aussi laide qu'on m'avait dit : les quais sont magnifiques, le bois de Boulogne est presque aussi joli que le nôtre. Je n'ai pu jouir de la vue qui s'étend devant le plateau de Notre-Dame de Fourvières, à cause d'un épais brouillard ; quant à la chapelle, elle est petite, mais couverte sur ses murs d'*ex-voto* de toutes sortes.

La cathédrale est très-belle, ornée de jolis vitraux ; ceux que j'ai surtout remarqués se trouvent à Saint-Bonaventure, ancien couvent des Cordeliers : il y a entre autres, un *Repos en Egypte*, dont les figures, la sainte Vierge et saint Joseph, sont admirables d'expression. Les fabriques de soie et de velours m'ont beaucoup intéressée.

Le lendemain, nous arrivions à Marseille. J'étais accompagnée, dans mon voyage, par mon neveu, M. Anatole Ray, artiste peintre, qui ayant déjà été en Italie, pouvait m'en faire admirer les beautés ! C'était lui qui s'occupait des hôtels et des moyens de transport; puis, j'avais emmené ma femme de chambre, Adèle, fille intelligente, qui était chargée de ma toilette et de mes bagages; je n'avais donc rien à faire qu'à jouir de toutes les merveilles qui s'offraient à ma vue; ce dont j'ai amplement profité !

MARSEILLE.

Marseille est certainement la plus belle ville de France après Paris ! Ce qui la rend très-agréable, c'est la douceur de son climat; j'avais souffert le froid d'un hiver rigoureux la veille à Lyon, et je jouissais avec bonheur d'une douce chaleur de printemps; et cette mer si belle d'un bleu foncé! Il est impossible de voir un plus beau panorama, que celui qu'on a sur la colline près de Notre-Dame de la Garde; on découvre toute la ville, le port rempli de navires, et plus loin la pleine mer. Une chose cependant me serrait le cœur; il ne doit pas y avoir beaucoup de religion dans cette ville : c'est à peine si on aperçoit quelques clochers! Notre-Dame de la Garde n'est qu'une chapelle; mais on construit, pour la remplacer, une église qui, dit-on, doit être magnifique. L'horloge de l'intérieur de la Bourse est à remarquer : elle donne en même temps l'heure des principales villes d'Europe. Les docks sont immenses; lorsqu'ils seront terminés, ils changeront totalement le port de Marseille. Une chose très-gracieuse sur le cours Belzunce, ce sont les boutiques de bouquets de fleurs; elles sont en forme de corbeilles, les fleurs disposées tout autour, et on ne voit que le haut du corps de la marchande; lorsqu'elle est jeune et jolie, c'est d'un effet très-gracieux.

TOULON.

Toulon n'a de remarquable que sa rade,

qui est magnifique; la ville est laide et malpropre. Le théâtre n'est ouvert que depuis deux mois; il est assez joli et surtout très-confortable. Nous avons voulu visiter le bâtiment de guerre *la Bretagne,* de 130 canons, le plus grand navire de France. Il était un peu loin en rade : à notre retour le vent (*le mistral*) soufflait; notre petite barque était bien ballottée; nous avons été plusieurs fois inondés par les lames; une d'elles a passé par-dessus notre tête, à nous deux, Anatole et moi; nous étions mouillés comme des canards; mon chapeau aurait été perdu, s'il n'eût été en feûtre.

Le voyage de Toulon à Nice est des plus fatigants! douze heures de voiture, sans descendre qu'un quart d'heure seulement! et le pis, c'est qu'en arrivant nous n'avons trouvé à nous loger que dans un taudis épouvantable; heureusement ce ne fut que pour une nuit : le lendemain nous étions commodément installés, hôtel du Paradis, sur le quai, n'ayant rien que la mer devant nos fenêtres!

ARRIVÉE, 22 DÉCEMBRE. — NICE.
DÉPART, 3 JANVIER.

Nice est située d'une manière admirable et

tout à fait exceptionnelle; entourée par un demi-cercle de collines qui l'abritent au nord, elle reçoit toute la chaleur du soleil, et cette chaleur, qui serait quelquefois trop grande, est tempérée par la fraîcheur de la mer, qui vient baigner Nice dans toute sa longueur. La promenade des Anglais est très-belle : elle longe la mer, et on met presque une heure pour la parcourir d'un bout à l'autre. Elle est bordée d'un côté par de charmantes villas, dont les jardins sont toujours verts; aussi, grâce à cette verdure luxuriante des orangers, des chênes verts et autres arbres, ainsi qu'à la douce température de Nice, on peut s'y croire en été.

Les églises n'y ont rien de remarquable.

Toute la campagne aux alentours est couverte d'oliviers, arbres au feuillage triste, gris, mélancolique, dont le tronc même a l'air de se tortiller dans une suprême agonie; tout cela est bien en harmonie avec la scène que cet arbre a abritée : il semble encore gémir avec Notre-Seigneur.

Il y a plusieurs belles promenades à faire aux environs de Nice : la principale est celle de Villefranche au bord de la mer, petit village mauresque, dont les constructions sont curieuses. De là on peut aller jusqu'à la petite Afrique et à Saint-Hospice; toute cette excursion est des plus pittoresques; nous l'avons faite à pied : il y a quelque chose comme huit lieues pour aller et revenir.

Il faut aussi visiter la grotte Saint-André et continuer jusqu'à Tourette; la route traverse une gorge de montagnes abruptes et d'un aspect tout à fait sauvage.

La partie appelée vieux Nice est on ne peut plus malpropre; les rues sont tellement étroites, que les toits se joignent presque; on pourrait, dans certains endroits, aller des uns aux autres, non pas en sautant, mais simplement en enjambant.

Nous avons fait la route de Nice à Gênes en quatre jours, par la *Corniche;* route admirable par sa position au bord de la mer qu'on ne perd presque jamais de vue. Nous étions en voiturin, ce qui nous permettait de nous arrêter à notre guise.

A la Turbie, nous sommes descendus pour voir Monaco du haut de la terrasse; avec une lorgnette on distingue très-bien toutes les maisons. Le royaume de Monaco tiendrait aisément dans le Champ-de-Mars.

Notre première station a été ensuite à Menton, charmante petite ville, préférable, selon moi, à Nice, pour ceux qui aiment le solitude. La végétation y est encore plus belle. Les collines rapprochées les unes des autres, et entourant la ville de très-près, font de cet endroit un charmant bocage; je me souviendrai toujours de la promenade que j'y ai faite.

Le lendemain était un dimanche, j'ai pu entendre la grand-messe à Saint-Rémo, dont l'église est très-belle et l'orgue excellent.

Les Italiennes sont massives, lourdes dans leur marche; j'en ai vu peu de jolies, et elles ne répondent nullement à l'idée que je m'en faisais.

Nous nous sommes ensuite arrêtés à Onègle où nous n'avons passé qu'une nuit, heureusement, car on y était très-mal. A quelques lieues d'Onègle, il faut traverser à gué un torrent qui est quelquefois dangereux à la suite des pluies; lorsque nous l'avons traversé, l'eau montait jusqu'au moyeu; nous n'étions pas précisément à notre aise.

La dernière nuit de ce petit voyage, nous

l'avons passée à Savone, où nous arrivions
la tête un peu basse. Ayant été passablement
écorchés en route, comme c'est l'habitude,
notre bourse était presque vide ; il nous fallait
encore à peu près une trentaine de francs
pour arriver à Gênes, et il ne nous restait que
quelques francs. Nous disions tous les trois,
que nous n'avions pas faim, et que nous
pouvions bien nous passer de dîner, enfin,
qu'un potage suffirait, et qu'en ne prenant
que peu de choses le lendemain matin, nous
pouvions aller jusqu'à Gênes, pour laquelle
j'avais une lettre de crédit; cependant Anatole,
qui probablement ne se résignait à cette espèce de jeûne qu'à contre-cœur, ayant de-
mandé à notre voiturin s'il avait quelque
argent, et s'il pouvait nous en avancer, reçut
de lui 40 francs qu'il nous prêta volontiers :
aussitôt la joie reparut sur nos visages, et la
faim dans nos estomacs; le repas que nous
fîmes nous parut le meilleur depuis notre
départ.

Ce qui donne un aspect très-gai à tous les
petits villages qu'on rencontre dans cette belle
route de la Corniche, et ce qui est cependant
d'assez mauvais goût, c'est que les maisons

sont peintes de toutes les couleurs; il y en a
de vertes, de roses, de jaunes, de bleues, et
quelquefois de plusieurs couleurs à la fois;
on dirait des maisons de cartons. Elles sont
sans saillies, mais la peinture y supplée en
représentant des balcons de marbre, des en-
tourages de fenêtres, et quelquefois des statues dans leurs niches; on y voit aussi des
croisées figurées, à la place de celles qui sont
absentes, une dame est accoudée au balcon
et regarde les passants, ou une domestique
secoue un tapis, enfin une foule de jolies
choses dans ce genre.

ARRIVÉE 6 JANVIER. — GÊNES.
DÉPART 15 JANVIER.

Gênes la *superbe* ne me paraît pas mériter
ce nom un peu emphatique. Sa situation au
bord de la mer est très-belle en effet, et elle a
une terrasse toute en marbre qui borde le
port, de superbes palais, de magnifiques
églises, mais tout cela perdu dans de petites
rues étroites et infectes, si étroites que dans
quelques-unes, en tenant un parapluie ouvert,
on y touche les maisons des deux côtés. Si
on pénètre dans les palais, on est étonné de

leur magnificence, des escaliers en marbre, des galeries de tableaux des premiers peintres.

Je citerai avant tout autre, le palais rouge (Brignoles Sales), puis le palais Pallavicini, qui possède une Vierge de Raphaël, dite à la colonne; enfin le palais Balbi. Le palais Durazzo a très-peu de tableaux, mais est curieux par son magnifique escalier, et par toute son architecture.

Les églises remarquables sont : l'Annunziata, entièrement peinte à fresque; puis la cathédrale, dans laquelle il y a quelques bons tableaux; nous y avons vu un plat, (dit le Sacro Catino), en verre couleur émeraude, qui est, dit-on, celui qui a été donné à Salomon par la reine de Saba, et dans lequel Notre-Seigneur mangea la Pâque avec ses disciples.

La cathédrale possède encore un morceau de la vraie Croix, qui est celui que l'empereur Constantin portait sur lui; ce morceau est enchâssé dans une croix en or, enrichie de pierreries de la valeur de plusieurs millions.

La chapelle de Saint-Jean-Baptiste, dont les cendres reposent sous l'autel, possède aussi les chaînes du saint Précurseur. L'entrée

de ce sanctuaire a été interdite aux femmes,
par le pape Innocent III, à cause du crime
dont Hérodiade s'est rendue coupable. Ma
curiosité était excitée, justement parce qu'on
me refusait de la satisfaire, mais dans un
moment où l'église était à peu près vide, le
suisse, pensant être bien payé de sa complai-
sance, me fit signe de me faufiler, et je pus
contempler et toucher les lourdes mais glo-
rieuses chaînes du saint martyr.

Une des plus belles églises est sans con-
tredit Sainte-Marie-de-Carignan, entièrement
en marbre. L'histoire de cette église est assez
curieuse. Le marquis de Sauli, qui vivait en
1500, avait son palais qui existe encore, tout
près de l'endroit où est actuellement l'église.
Il était catholique fervent et se faisait un de-
voir d'assister régulièrement à la messe le
dimanche, dans une petite chapelle, non loin
de là, mais dont il était séparé par un torrent;
cette chapelle appartenait à un autre marquis
son voisin. Un dimanche le torrent étant
grossi, M. de Sauli dut attendre que les eaux
fussent écoulées pour passer, mais la messe
venait de finir, et après dix heures il n'y en
avait plus. Le marquis mécontent, dit à son

voisin que, « puisque c'était ainsi, il se ferait
» bâtir une église pour lui et qu'on y dirait
» des messes jusqu'à midi, » et il fit élever
cette magnifique église de Sainte-Marie-de
Carignan, qui a coûté plus de deux millions.
Comme l'accès en est difficile, parce qu'elle
est située sur une hauteur, il fit jeter un pont,
qui passe au-dessus d'un bas quartier de la
ville, dont les maisons, à six ou sept étages,
se trouvent au-dessous de l'arche principale.

Il y a dans l'église deux belles statues de
Pujet, Saint-Sébastien et le bienheureux
Sauli, parent du fondateur.

La ville est entourée de montagnes arides
que dominent des forts à la hauteur des
nuages; le port est animé et couvert de navires.

J'oubliais de mentionner qu'un étranger ne
doit pas manquer de visiter la villa Pallavicini à Pegli : on y va par le chemin de fer,
la maison n'est pas belle, mais la propriété
est très-étendue et on y marche de curiosités
en curiosités: chaumières, kiosques, cavernes
avec des stalactites, lacs, points de vue, rien
n'y manque, et tout cela vaut la peine de faire
le petit voyage.

Les femmes de Gênes sont assez jolies ; elles s'enveloppent, pour sortir, dans un long voile blanc, appelé mezzaro, et qui leur sied très-bien. Les premiers jours, les voyant ainsi, je me figurais qu'elles allaient assister à une procession.

En quittant Gênes nous avons repris la route de la Corniche jusqu'à Massa ; elle est encore bien plus belle que de Nice à Gênes. A une demi-lieue de la ville se trouve l'endroit où Garibaldi s'est embarqué pour sa première expédition en Sicile ; on y a élevé une petite colonne en commémoration de ce fait : dans tout le littoral, on ne parle que de lui, il est regardé comme un demi-dieu. Nous avons passé la première nuit à Chiavari, petit port de peu d'importance. Le second jour, nous sommes arrivés à la Spezia, charmante petite ville, avec un port magnifique, on dit que c'est le plus beau du monde entier ; Victor-Emmanuel y fait travailler activement pour y transporter sa flotte. Une chose assez curieuse, c'est qu'à une petite distance du rivage, 1,600 mètres environ, une source d'eau douce jaillit en gerbe au-dessus de la mer.

Nous avons quitté la Spezia avec une pluie

battante qui nous contraria beaucoup, ayant fait le projet de nous détourner un peu de notre route pour visiter les carrières de marbre de Carrare. Nous n'avons pu visiter que les ateliers des artistes qui viennent y chercher leurs marbres blancs, et y ébaucher leurs statues. Le soir, nous sommes arrivés à Massa, où nous avons logé dans une misérable auberge, un vrai coupe-gorge, décoré du nom d'hôtel; nous étions bien fâchés de nous être arrêtés en cet endroit. Nous n'étions encore qu'au début, pour ainsi dire, de notre vie aventureuse; mais depuis, combien avons-nous été obligés d'être mal couchés, mal nourris! Cependant avec une bonne santé, on finit par ne plus faire autant attention à toutes ces petites misères, lorsqu'il est impossible de les éviter; elles n'ont du reste jamais altéré notre bonne humeur. De Massa on prend le chemin de fer jusqu'à Pise.

ARR. 18 JANVIER. — PISE. — DÉP. 20 JANVIER.

Lorsque nous sommes arrivés à Pise, l'Arno était débordé dans la campagne aux alentours, et faisait d'affreux ravages; maisons emportées, arbres déracinés, bestiaux

noyés;... que de pauvres familles étaient dans la désolation.

C'est à Pise que j'ai commencé à jouir de la vue de magnifiques monuments. Le Campo-Santo est un de ceux qu'on ne peut pas oublier! J'avais vu autrefois, au Diorama, un tableau de Daguerre, représentant une partie de cet admirable cimetière; je l'ai parfaitement reconnu. Toute la terre qui est dans le Campo-Santo a été apportée de Jérusalem sur 40 galères. Sur la même place, qui est immense, sa trouvent : le Baptistère, le Dôme, magnifique église, et la fameuse Tour penchée, qu'on appelle aussi Campanile : elle penche de 12 pieds en dehors de la ligne verticale. Nous avons été jusqu'au haut : nous ne nous sentions pas d'aplomb du tout, et cela nous donnait un peu de vertige : il fallait se tenir de peur de tomber.

Le Dôme est une église immense, soutenue par 450 colonnes en marbres de toutes couleurs. J'y ai remarqué une Ste Catherine et une Ste Agnès d'André del Sarte, et enfin une Madone, dernière œuvre du même artiste. On prétend que c'est l'oscillation de la grande lampe de bronze, suspendue dans la nef, qui donna à Galilée l'idée du Pendule.

L'église et le cloître de Sainte-Catherine m'ont intéressée à cause du souvenir de Saint-Thomas d'Aquin, qui y a résidé; il y existe encore une chaire où il a prêché.

Au bord de l'Arno se trouve une petite chapelle du nom de St-Marie-de-l'Epine, a cause d'une sainte épine, qui y fut apportée, de la Terre Sainte, par un marchand de Pise. C'est un véritable joyau d'architecture, tout le revêtement est en marbre blanc.

La tour de la Faim, où Ugolin et ses fils périrent, était près de la place des Cavaliers; elle a été détruite. Sur cette place est la statue de Cosme I, grand duc de Pise.

ARRIVÉE LE 20 JANVIER. — FLORENCE. DÉPART LE 4 FÉVRIER.

L'inondation avait fait aussi ses ravages à Florence. Il avait fallu porter des vivres et du secours aux malheureux habitants des campagnes envahies par les eaux; on avait à déplorer la mort de plusieurs personnes, et la perte de beaucoup de bestiaux, que les flots avaient entraînés.

Le lendemain de notre arrivée, le beau temps nous permit de parcourir la ville, afin de juger d'abord de sa physionomie. Les palais sont d'un aspect sévère, lourd et massif; la ville est assez bien bâtie; il y a des quais magnifiques.

On admire plusieurs belles places à Florence; la plus remarquable est celle de la Seigneurie, véritable musée en plein air, où l'on voit une belle fontaine et à côté la statue équestre de Cosme I. Devant le palais du Grand Duc se trouvent 4 statues; celle de David tenant la tête de Goliath est de Michel-Ange. De l'autre côté de la place est la fameuse loge qui contient 12 statue, entre autres, le Persée de Benvenuto Cellini, pour la fonte duquel manquant de bronze et étant presque fou de désespoir, il jeta toute son argenterie pour combler le vide.

Au centre de la ville est la place du Dôme, où se trouvent réunis, comme à Pise, le Campanile et le Baptistère dont les portes en bronze sont d'une grande beauté; Michel-Ange appelait la porte du milieu, celle du Paradis.

Le Dôme, magnifique église, est à l'exté-

rieur toute revêtue de marbre bigarré à l'exception de la façade qui n'est par terminée ;
la coupole, belle création de Brunelleschi, est
la plus grande du monde entier, même celle
de St-Pierre de Rome comprise. L'intérieur
de l'église est grandiose, sévère et nullement
ornementé ; il n'y a ni chaises ni bancs, ainsi
que dans presque toutes les églises d'Italie ;
les fidèles entendent la messe debout ou à
genoux sur les dalles. Comme œuvre d'art, il
n'y a à remarquer qu'une *Piété* en marbre
blanc, non terminée, de Michel—Ange qui la
destinait à son tombeau.

Près du Dôme est la Tour ou Campanile,
de Giotto, véritable mosaïque de toutes couleurs. Cette tour est si belle qu'elle faisait dire
à Charles-Quint, qu'il faudrait la couvrir d'un
étui. L'église Ste-Croix est celle que je préfère
à l'extérieur comme à l'intérieur. La façade à
laquelle on travaille depuis cinq ans est bientôt terminée; elle sera découverte en mai
prochain; la première pierre en a été posée
par Pie IX, le 22 août 1857. Comme elle est
entièrement cachée par des paillassons, et
voulant pourtant en admirer les détails, qui
sont de toute beauté, nous avons été d'échaf-

faudages à échaffaudages jusqu'au haut de l'édifice, ce qui n'était pas du tout sans danger.

A l'intérieur, les deux côtés de la nef sont occupés par des tombeaux; on y remarque ceux de Michel-Ange, de Galilée et de Machiavel; j'ai été étonnée en y trouvant ce dernier. Il y a aussi, dans cette église, le tombeau d'une comtesse de la famille Czartoriski, elle est représentée couchée. Cette statue est admirable de finesse et de beauté.

L'église St-Laurent est surtout remarquable par la chapelle dite de Michel-Ange, parce qu'elle contient deux tombeaux des Médicis, sculptés par cet artiste, ainsi qu'une Sainte Vierge et l'enfant Jésus, œuvre malheureusement inachevée.

Il y a encore beaucoup d'autres églises moins belles que celle-ci; mais dans toutes on découvre toujours quelques chefs-d'œuvre. Presque toutes les églises ont un cloître et quelquefois deux, ce qui fait voir qu'anciennement elles appartenaient à des communautés.

Ce qui a été pour moi d'un grand intérêt, c'est la visite des musées, la galerie des Offices et le palais Pitti; notre Louvre n'a pas la dixième partie des richesses artistiques renfermées dans ces deux collections. Là, j'ai pu admirer les vierges de Raphaël, de Fra-Angélico, mon peintre de prédilection; les tableaux du Titien, d'André-del-Sarte, du Pérugin, de Michel-Ange et de Gérard des Nuits, dont j'ai acheté une charmante reproduction; puis, en sulpture, les statues de l'antique, dont cinq célèbres : la Vénus de Médicis, les Lutteurs, le Faune, l'Apollino et le Rémouleur sont dans le magnifique salon de la Tribune, magnifique, non pas à cause de sa grandeur, mais par sa contenance, car il n'y a que des chefs-d'œuvre.

Le jardin Boboli, qui se trouve derrière le palais Pitti, mérite d'être visité; du haut de la terrasse on jouit d'une belle vue de Florence.

Dans les environs, nous avons été à Saint-Miniato, ancienne église très-curieuse; elle sert à présent de cimetière pour les personnes riches.

D'un autre côté de Florence, à 3 lieues, nous avons visité un parc qui a appartenu aux Médicis; il renferme de beaux bassins

avec cascades et jets d'eau. Le palais a été
rasé. Ce qui est assez curieux, c'est une statue colossale représentant l'Apennin, par
Jean de Bologne. Nous sommes montés jus-
que dans sa tête, et de là, nous regardions la
campagne par des fenêtres pratiquées dans
sa barbe.

J'ai visité la maison de Michel-Ange, et je
me suis assise dans son cabinet de travail
d'une exiguité extraordinaire; il n'a que
5 pieds de longueur sur 3 de large. Là se
trouvent plusieurs objets qui ont été rappor-
tés de son atelier à Rome, où il est mort.

A Florence sont nés bien des célébrités;
Michel-Ange, Giotto, le Dante, Pétrarque,
Boccace; ces trois derniers ont été couronnés;
Léonard de Vinci, André del Sarte et autres.

Il y avait à Florence une habitude qui me
faisait toujours rire. On ne sait pas beaucoup
ce que c'est que faire du feu dans une che-
minée; mais lorsqu'il fait froid, on voit tout
le monde, hommes et femmes, avoir à la main
un pot de terre, comme en ont, en France,
pour se chauffer les pieds, les vieilles mar-
chandes qui sont obligées de rester dehors.
Eh bien! à Florence, chacun se promène avec

son pot, se chauffant les mains; il paraît que cela leur suffit : dans les musées, les gardiens ont tous le leur, et lorsqu'ils vous accompagnent, ce n'est jamais sans cet instrument de chauffage économique.

De Florence à Rome, nous avons eu six jours de route en voiturin, cette manière de voyager étant la préférable, parce qu'elle permet de s'arrêter aux endroits intéressants, et de passer les nuits, non pas dans un bon lit, mais enfin dans un lit quelconque. La route est très-belle, surtout à partir du lac de Trasimène ou de Pérouse; ce site est on ne peut plus pittoresque! C'est là qu'Annibal remporta une victoire sur le consul romain Flaminius. Nous avons parcouru pendant 3 heures la ville de Pérouse, une des villes étrusques, curieuse par son caractère d'antiquité.

Un peu plus loin que Pérouse, on passe près d'Assise, où est né saint François; elle se trouve sur un petit monticule dont le sommet est nu, et dont la base jusqu'à moitié de sa hauteur est entourée d'habitations. Cette disposition me semblait une analogie avec l'ordre de saint François d'Assise, dont les reli-

2

gieux ont la tête rasée et ne gardent qu'une couronne de cheveux.

Au bas d'Assise, se dresse la jolie église de Santa Maria dei Angeli, bâtie au-dessus de l'oratoire et de la cellule du saint. Dans ce sanctuaire, tout respire sa présence. Deux jours après, nous allions visiter la merveille de Terni, sa fameuse cascade; lorsqu'on est en face de cet admirable spectacle, on ne regrette pas la fatigue qu'on a éprouvée pour arriver; ces choses ne peuvent se décrire.

En quittant Terni, jusqu'à la frontière pontificale, c'est-à-dire, une journée entière de voiture, on jouit d'une route magnifique dans la vallée du Tibre, au milieu d'une campagne riche, cultivée et entourée de collines; je ne pouvais en détourner mes yeux un seul instant : enfin, nous arrivons à Ponte-Felice, d'un côté du pont sont les Piémontais, de l'autre les Français. A partir de cet endroit, la nature change complétement d'aspect jusqu'à Rome, qui est à une quinzaine de lieues. Ce n'est plus qu'un désert sauvage, aride, sans arbres, sans culture, mais qui ne manque pas d'une certaine grandeur qui vous fait rêver. Enfin, nous apercevons Rome, la

ville tant désirée! encore une-demie heure et
nous y entrerons.

ARR. 9 FÉVR. — ROME. — DÉP. 9 AVRIL.

Nous avons fait notre entrée dans Rome
par la place du Peuple, la plus belle de Rome,
un jour du Carnaval. La longue rue du Corso
était toute pavoisée, et les chevaux en liberté
qui la parcourent d'un bout à l'autre, allaient
être lancés; la musique, les cris des masques
qui se jettent des bonbons en plâtre, de la
farine et des fleurs, tout ce bruit de fête mon-
daine enfin m'a un peu déplu en entrant dans
la ville Eternelle; j'eusse préféré arriver un
jour ordinaire.

L'affluence des étrangers avait rempli les
hôtels; en vain nous avons été frapper à
toutes les portes, il n'y avait plus de place.
J'ai cru un moment qu'il faudrait passer la
nuit dans notre voiture, ce qui ne m'allait pas;
car ces six jours de voyage m'avaient très-fa-
tiguée. Après deux heures de course, dans
la ville nous avons trouvé un petit appartement
meublé où nous sommes assez bien.

Dès le lendemain, j'ai voulu visiter Saitnt-
Pierre. Pour y arriver, on traverse le Tibre sur le

pont–Saint-Ange; les statues de saint Pierre et de saint Paul vous en ouvrent l'entrée, puis 8 autres statues d'anges, portant les instruments de la croix, vous y accompagnent jusqu'au bout; vous avez alors devant vous le fort St-Ange, ancien mausolée de l'empereur Adrien; c'est à présent une forteresse. Saint Michel est placé au haut de l'édifice. En apercevant la colonnade de la place de St-Pierre, j'ai d'abord été désappointée, elle m'a semblé petite, parce que les gravures qui me l'avaient représentée, n'étaient pas dans les proportions; je m'en suis rendu compte à d'autres visites. En entrant dans St-Pierre, j'ai éprouvé l'effet contraire, tout ce que j'avais imaginé était au–dessous de ce que je voyais; dès les premiers pas, je me sentais anéantie par tant de majesté, clouée au sol et sans voix pour raconter mon émotion et communiquer mes pensées; j'y suis retournée bien souvent, et je voudrais pouvoir y retourner toujours.

Cette même journée j'ai voulu me rendre au tombeau de sainte Cécile, ma patronne, élevé dans sa propre maison, qui est devenue une jolie église, toute pleine de son souvenir. On y voit la salle de bain, où elle subit le martyre : tout est là pour attester la vérité de ses actes; on voit encore dans cette salle les tuyaux qui communiquaient la vapeur; et, au-dessous, par un soupirail, on aperçoit la chaudière antique qui l'alimentait, La statue de Ste-Cécile, sous l'autel où elle repose, est pleine de modestie et de grâce; elle est l'œuvre de Madarno qui l'a faite, lors de la dernière ouverture du tombeau de la Sainte, le 20 oct. 1690. Il a copié fidèlement sa pose, telle qu'il l'a trouvée, son corps étant resté intact dans son tombeau pendant 13 siècles. A cet endroit de mes impressions, je m'arrête effrayée du travail que je me suis imposé; un peu paresseuse par nature, ayant cependant une imagination très-vive et faite pour comprendre et admirer toutes choses, mais fuyant le moindre travail, je ne comprends pas comment j'ai pu me donner cette tâche; enfin, elle est commencée, il faut aller jusqu'au bout.

J'ai visité toutes les basiliques de Rome, il est impossible, quelle que soit la manière de voir, de ne pas admirer la grandeur et la magnificence de ces monuments; ce n'est que or,

2.

marbres, mosaïques et peintures des premiers
maîtres; décrire tout cela serait trop difficile
pour ma plume. Je dois pourtant dire ici, que
dans ces belles églises, deux choses blessaient
mon cœur de chrétienne. D'abord la solitude
complète qu'on y trouve; quelques voyageurs
seuls y viennent en curieux, s'y promènent,
regardant les tableaux les uns après les
autres comme dans un musée ; mais des
fidèles priant, c'est à peine si on en voit
un agenouillé dans un coin; je dis dans un
coin, en voici le motif : c'est que là, presque
toujours, dans une chapelle retirée se trouve
le Saint-Sacrement, car, et c'est la seconde
chose qui me déplaisait, il n'y a pas de ta-
bernacle sur le maître autel ni sur les autres;
il n'y a qu'un crucifix et deux flambeaux, puis
la petite lampe allumée qui brûle devant l'i-
mage du Saint ou de la Sainte auquel l'autel
est consacré.

Nous avons fait hier au soir la plus jolie
promenade qu'il soit possible. La lune éclairait, mais au travers d'un voile; nous avons
pensé que cette soirée était propice pour la
visite projetée au Colisée. Après avoir traversé tout le Corso, nous sommes arrivés au

Forum, ce vaste champ de ruines. Nous étions seuls, on n'entendait aucun bruit, et nous n'apercevions autour de nous que tous ces débris de l'antiquité, éclairés d'une douce lueur, qui leur donnait mille aspects bizarres. C'était d'abord l'arc de triomphe de Septime-Sévère, puis celui de Titus, laissant à notre gauche le beau portique du temple d'Antonin et de Faustine, la ruine immense de la basilique de Constantin, plus loin encore celle du temple de Vénus et de Rome, et cotoyant à notre droite le palais des Césars et l'arc de Constantin. Tout au bout du Forum se trouve le Colisée, dont la lune en ce moment éclairait les milliers d'ouvertures, et donnait à ce colosse quelque chose de fantastique; nous nous aprochions lentement, ne pouvant détourner les yeux d'un si magnifique spectacle, dont rien ne peut donner l'idée que la vue même; nous étions silencieux, aspirant par tout notre être tout ce qu'il y avait de poésie dans cette scène magique.

Saint-Paul-hors-les-murs, bâti sur une ancienne basilique, est d'une magnificence extraordinaire, marbres de toutes couleurs depuis le haut jusqu'en bas, mosaïques représentant en médaillons les portraits des papes, etc., 120 colonnes de granit soutiennent l'édifice divisé en cinq nefs. Il est malheureux que cette église soit bâtie dans un endroit désert, inhabité et inhabitable, à cause de la *malaria* qui y règne tous les étés.

Saint-Jean-de-Latran est aussi une belle et somptueuse église, où sont conservés les chefs de saint Pierre et de saint Paul, dont une moitié des corps est à Saint-Pierre, et l'autre moitié à St-Paul. St-Jean-de-Latran est le siège du pape, comme évêque de Rome. Une des portes est murée, elle est appelée sainte parcequ'elle est la porte du jubilé qui ne s'ouvre que tout les 25 ans.

Près de Saint-Jean-de-Latran, est la *Scala Santa* (escalier saint) formée de 28 marches ayant fait partie du palais de Pilate à Jérusalem. Les personnes pieuses le montent à genoux, puis on descend par un des quatre autres escaliers latéraux. Dans la chapelle *Sancta Sanctorum*, au haut de la *Scala*, on conserve une ancienne image du Sauveur en grande vénération; on la promène dans Rome dans les grandes calamités.

De l'esplanade de St-Jean-de-Latran on a

une vue magnifique sur la campagne de Rome. A l'horizon on aperçoit les montagnes bleues de la Sabine, couvertes de petits villages où sont Tivoli, Frascati, et plus loin, à l'endroit où la montagne se joint à la plaine, Albano, trois charmantes villes que nous devons visiter un de ces jours de printemps. Toute cette partie de la campagne de Rome est traversée par les ruines des aqueducs romains, et émaillée des tombeaux de la voie Appienne, dont le plus célèbre est celui de Cécilia Métella, qu'on aperçoit de loin à cause de sa grandeur. Cécilia Métella, païenne, était une ancêtre de sainte Cécile.

Nous avons été visiter, tout-à-fait sous terre, les ruines du Palais de Néron, bâti lui-même sur d'autres ruines, et qui est à présent recouvert par les thermes de Titus, trois ruines les unes sur les autres. Ce sont celles du palais de Néron, qui sont le mieux conservées; on y comprend très-bien la distribution des appartements, quelques bas-reliefs sont très-vifs encore de couleurs; c'est là que Raphaël a eu l'idée de ses *grotesques* qui décorent principalement le Vatican.

Les ruines du palais des Césars, sur le

mont Palatin, appartiennent à Napoléon III, qui y fait faire des fouilles; elles sont aussi très-curieuses.

Je désirais beaucoup prier sur les tombeaux de saint Pierre et de saint Paul : nous sommes descendus dans les caveaux de Saint-Pierre, où sont les reliques des saints martyrs et les mausolées de beaucoup de papes; on disait la messe à l'autel de la *Confession*.

Nous avons monté, ce même jour, tout en haut de la coupole, jusqu'à la boule qui supporte la croix. La hauteur est immense, ce n'est pas sans beaucoup de fatigue qu'on y arrive, mais on l'oublie en jouissant du magnifique panorama qui s'étend jusqu'à la mer qu'on aperçoit à l'horizon. Dans l'intérieur de la coupole toutes les peintures sont en mosaïques. Ces mosaïques sont curieuses à voir faire; l'atelier en est au Vatican, et on n'y rentre qu'avec une permission : tous les artistes étaient occupés aux portraits des papes en médaillons, destinés à la basilique de saint Paul, la plus belle de Rome après Saint-Pierre; je préfère même, peut-être, cette magnifique simplicité.

Nous sommes entrés aujourd'hui dans une

grande église (St-Augustin), on y vénère une belle Vierge en marbre blanc avec l'enfant Jésus. Ce beau groupe est couvert de pierreries de la plus grande valeur. Le bout du pied de la Vierge était tellement usé par les baisers, qu'il a été remplacé par un autre en or (1).

On ne peut aller à Rome sans visiter les catacombes, ce refuge et ce vaste cimetière des premiers chrétiens ; nous y sommes donc descendus. La première tombe qui nous a été montrée, et qui est vide, comme toutes les autres, est celle où a reposé le corps de Ste-Cécile, ma vénérée patronne, pendant dix siècles. Cette tombe est située dans une espèce de chambre funéraire, destinée à la sépulture des premiers papes. Nous avons suivi ensuite un inextricable labyrinthe très-étroit, mais assez élevé, dont les parois sont creusées d'ouvertures les unes au-dessus des autres, comme une ruche d'abeilles. Dans ces espèces d'alvéoles ont reposé les corps des premiers martyrs. De temps en temps, on

(1) Cette église a été bâtie au xve siècle par le cardinal d'Estouteville, premier abbé commandataire du Mont-Saint-Michel.

se trouve dans une chambre un peu plus grande qui servait de chapelle et où l'on disait la messe dans les moments de persécution. On retrouve dans ces chapelles des peintures primitives très-curieuses, mais malheureusement presque effacées.

Puisque je parle de cimetières, je dois dire quelques mots des *columbarium*, sépulture des Romains. Ce sont de vastes pièces, dont les quatre murs sont remplis de trous pareils à ceux de nos pigeonniers; dans chaque trou on déposait une urne contenant les cendres des morts qu'on brûlait. Il y a de ces columbariums qui contenaient jusqu'à 40,000 ouvertures: celui de Scipion et de ses affranchis est très-curieux; j'ai acheté un vase étrusque qu'on y a trouvé.

J'ai eu une audience du St-Père avec une centaine d'étrangers; il y en avait 40,000 pendant mon séjour à Rome, et les audiences ne pouvaient être que collectives. Le St-Père s'arrêtait à chaque personne, donnant sa main ou sa mule à baiser, répondant avec bonté à tous ceux qui lui adressaient la parole. Sa figure est toujours souriante et on y lit la sainteté. Il nous a fait un petit sermon d'un quart d'heure, pendant lequel nous étions tous à genoux et très-émus. Il n'y avait qu'une seule personne entre moi et Sa Sainteté ; j'ai donc pu le regarder tout à mon aise et graver dans ma mémoire ses traits que je n'oublierai pas. Après cette audience, le Saint Père était un peu fatigué, et désirait rentrer dans ses appartements ; mais, comme il y a toujours des personnes qui sont importunes, les femmes surtout, elles voulaient recommencer à lui embrasser la main ; à cette importunité il répondait avec une douceur extraordinaire : « Je voudrais bien m'en aller, mes enfants ; » mais il se laissait faire. Dans cette audience, tous les objets que nous avions apportés ont été bénits, et le St-Père nous a accordé une indulgence plénière pour l'heure de la mort.

Avant d'entrer dans la Semaine-sainte, pendant laquelle les exercices prendront tout nos instants, nous avons voulu faire quelques excursions aux environs de Rome. Nous avons commencé par Frascati, à 8 lieues de distance ; sa position sur le penchant de la colline en fait une petite ville charmante ; elle est bâtie au dessous des ruines de Tusculum, où Cicéron avait son habitation.

Le lendemain, nous avons visité Tivoli, nous avons admiré ses cascades et ses grottes, son joli temple de Vesta; c'est une petite ville très-pittoresque. La villa Adriani est à quelque distance; elle avait été bâtie par l'empereur Adrien, qui y avait imité tous les monuments qu'il avait admirés dans ses voyages; on y reconnaît encore aujourd'hui la destination de chaque ruine. Nous avons été à Albano en dernier lieu; c'est, à mon avis, là plus jolie des trois; ses lacs, ses magnifiques avenues en font une ville ravissante. Castel Gandolfo, villa d'été du Pape, est dans une délicieuse position, au dessus du plus grand lac d'Albano.

Je n'ai pas encore parlé de la campagne de Rome, c'est cependant, comme nature, ce qui m'a causé le plus d'émotion! Rien n'est beau en effet, mais triste en même temps, comme cette plaine aride qui entoure Rome de tous côtés et qui s'étend jusqu'à l'horizon. Elle est couverte, dans certaines parties, de ruines, entrecoupée d'arqueducs anciens et modernes, et, dans d'autres endroits, elle est entièrement nue, sans qu'on aperçoive un seul arbre aussi loin que la vue

peut porter. Le terrain en est accidenté,
comme les flots d'une mer orageuse. Si cette
campagne était couverte de végétation, cela
vaudrait mieux, sans aucun doute, mais cela
lui ôterait cette beauté sauvage et grandiose
qui vous fait rêver à l'immensité.

ARR. 9 AVRIL. — NAPLES. — DÉP. LE 25 AVRIL.

Pompeï a eu notre première visite. Nous
nous sommes promenés pendant 5 heures
dans ses rues; nous sommes entrés dans ses
maisons, et nous avons admiré les restes de
peintures à Fresques et les mosaïques dont
presque toutes les habitations sont ornées.
La distribution des appartements est presque
toujours la même. Il n'y avait pas de fenêtre
sur la rue; on entrait dans une grande cour
(appelée l'Atrium), entourée d'une galerie
couverte, soutenue par des colonnes; toutes
les chambres avaient leur entrée et prenaient
le jour autour de cette galerie, au milieu de
la cour il y avait un bassin avec un jet d'eau
et des fleurs autour, puis quelques statues, et
quelquefois une niche pour mettre les dieux
pénates.

Les marchands avaient au-dessus de leurs

portes sur la rue, l'emblème de ce qu'ils ven-
daient; il y a de ces enseignes qui sont très-
curieuses; il y en a d'autres aussi qui don-
nent une bien vilaine idée des mœurs de ce
temps. Un tiers de la ville seulement est dé-
couvert; on y travaille depuis 115 ans : dans
ce moment on pousse les fouilles avec activité; on y trouve souvent des choses rares;
les bains sont surtout très-intéressants. Depuis mon retour, j'ai vu au musée du Luxem-
bourg un tableau qui les représente fidèlement. En examinant toutes ces choses, on
voit vivre, pour ainsi dire, ces anciens dont
la ville a été détruite en une journée, en l'an
79 de notre ère, le 23 nov. On comprend leurs
goûts et leurs habitudes. Les rues étaient
pavées comme les voies romaines avec de
grandes pierres de lave, inégales de grandeur, elles étaient bordées de trottoirs. C'est
à la découverte de Pompeï que nous devons
les nôtres. Il y avait aussi, de distance en
distance, des pierres un peu plus hautes, pour
que les piétons pussent, les jours de grands
orages, traverser la rue sans se mouiller les
pieds.

L'ascension du Vésuve est très-fatigante,

on ne peut aller à cheval que jusqu'au bas du mamelon, il faut ensuite monter à pied (à moins qu'on ne trouve des chaises à porteurs), pendant une heure et demie dans la cendre chaude et sur les morceaux de lave qui vous déchirent les pieds et détruisent entièrement vos chaussures. Mais aller à Naples sans voir le Vésuve, autant ne pas faire le voyage, c'est un spectacle si extraordinaire, si en dehors de tout ce qu'on a vu, que je ne comprends pas qu'un peu de fatigue vous arrête et vous empêche d'en jouir ! J'ai cependant entendu plusieurs personnes à l'hôtel, dire, qu'elles partiraient sans faire cette excursion; pour moi, je l'ai faite et en suis très-contente ! Décrire ce que j'ai vu là haut, est chose impossible ! Comment, par exemple, dépeindre ce cratère d'une si grande profondeur, dont les couches superposées sont de toutes les couleurs où le soufre domine ! Ce bruit intérieur qu'on ne sait à quoi comparer. C'est le bruit d'une cascade ou d'une immense chaudière en ébullition ! Lorsqu'on approche la main d'une fissure, on est obligé de la retirer tout de suite, parce que la chaleur est trop grande, on y fait cuire des œufs; nous

en avons mangé quelques-uns avec grand
plaisir et bu du *Lacryma-Christi,* vin excellent récolté au pied du Vésuve. La vue qu'on
a de cette hauteur est d'une immense étendue
et des plus belles qu'on puisse admirer ! Naples avec son beau golfe, cette mer si bleue,
ces montagnes tout autour, parsemées de
villages ; dans le lointain l'île de Capri, et
Sorrente au souvenir poétique ; tout cela fait
un panorama magnifique ! Pendant que nous
étions à admirer toutes ces beautés, le bruit
intérieur augmentait et nous faisait présager
quelque chose d'extraordinaire. En effet,
lorsque le soir nous prenions nos billets de
chemin de fer à Pompeï pour revenir à Naples, tournant encore nos yeux du côté du
Vésuve, nous aperçumes une grande fumée
et 7 gerbes de flammes ; c'était une petite
représentation que le volcan voulait bien nous
donner à nous, venus de si loin !

Les églises de Naples n'ont rien de remarquable, elles ont en général beaucoup d'or-
nements de mauvais goûts ; la cathédrale est
dédiée à saint Janvier, où repose le corps de
ce saint martyr, et où deux fois par an se produit le miracle de la liquéfaction de son sang.

Saint-Dominique possède les corps des premiers rois d'Aragon, celui de la reine Jeanne et de deux petits Princes, ils reposent simplement dans de grands coffres couverts de velours rouges, placés les uns à côté des autres, dans une galerie élevée de la sacristie. La ville de Naples n'est pas belle par elle-même, elle n'a rien de bien intéressant; elle est sale ainsi que sa population, et l'air qu'on y respire est infect; mais sa position est admirable. La vue du Vésuve celle des montagnes et à l'horizon les îles de Capri et d'Yschia, la mer qui la baigne dans toute sa longueur, et par-dessus tout son climat exceptionnel en feraient un charmant séjour avec un autre peuple. Les environs de Naples sont délicieux. Nous avons fait une première excursion de quatre jours à l'est de Naples. Le premier jour nous avons été à Corpo di Cava où nous avons déjeûné dans une pauvre auberge, sur une terrasse en haut de la montagne; mais que le déjeûné nous a paru bon, affamés que nous étions par ce petit voyage, et devant cette vue pittoresque et sauvage au possible. Nous avons ensuite descendu le ravin qui conduit à un ancien monastère

de Capucins. On y conserve beaucoup de manuscrits très-précieux ; ce monastère possède
la tête de Ste Félicité, martyre, et celles de
ses sept enfants. Nous avons ensuite été dîner
et coucher au bord de la mer à Salerne. Je
préfère le golfe de Salerne à celui de Naples,
la vue y est encore plus étendue. La cathédrale est assez belle.

Le second jour, nous sommes partis de
très-bonne heure pour aller à Pestum, visiter
les ruines de cette ancienne ville, trois tem-
ples restent debout, la basilique, le temple
de Cérès, et celui de Neptune, qui est la ruine
la plus complète et la plus remarquable que
j'aie encore admiré. Bâti en travertin, ce
temple a, ainsi que St-Pierre de Rome, une
belle couleur dorée. Nous avions emporté
notre déjeuner et, après nous être bien installés dans les ruines, nos genoux pour table,
et pour sièges les marches du temple, nous
fîmes un repas excellent. De beaux lézards
verts couraient autour de nous ; ils sont très-
nombreux dans ces parages et très-familiers.

Nous nous remîmes en route pour aller à
Amalfi en repassant par Salerne : de cette
ville jusqu'au but de notre voyage, on suit

une route de la corniche, d'un côté toujours
la mer, et de l'autre les sites les plus variés
et les plus pittoresques. Arrivés à 7 heures
du soir à Amalfi, fatigués d'une pareille journée, (nous avions fait 20 lieuespour voir cette
ruine de Pestum), et surtout abîmés par la
poussière, nous ne demandions que notre
dîner et nos lits, lorsqu'après le repas notre
guide vint nous proposer de faire danser la
Tarantelle devant nous, ce que nous accep-
tâmes; l'hôtel où nous étions logés, si on
peut lui donner ce nom, était un ancien couvent. Là, sous les arceaux du cloître, quatre
musiciens exécutèrent pendant une heure,
des airs italiens et parfois chantèrent quelques romances de cette langue si harmo-
nieuse et si belle! puis, deux hommes, car
une femme ne pouvait danser en cet endroit,
nous donnèrent une idée de la Tarantelle,
danse très-originale. Ce qu'il y avait de poétique en tout cela est difficile à décrire. Les
colonnes autour du cloître ainsi que le jardin
éclairé en ce moment par la lune, dans un
coin, les musiciens avec deux bougies pour
ne pas être tout-à-fait dans l'obscurité. Pour
nous, nous les écoutions, tantôt assis, tantôt

3.

faisant le tour du cloître et admirant le ciel étoilé; voilà le tableau.

Le lendemain, nous avions à visiter Amalfi, sa vallée des moulins, site d'une beauté sauvage, ravin entre deux hautes montagnes d'un pittoresque extraordinaire! Un couvent de Franciscains, fondé par St-François lui-même, est placé admirablement sur une hauteur en face de la mer. La cathédrale d'Amalfi est sous le vocable de Saint-André, qu'on dit y avoir été rapporté.

D'Amalfi, nous avons été à Sorrente en reprenant notre route de la corniche jusqu'à Viétri près Salerne, puis le chemin de fer jusqu'à Casellamare, enfin, une voiture à 3 chevaux nous conduisit à Sorrente, par une autre route de la Corniche, dans le golfe de Naples. Cette route est moins belle que l'autre, il n'y a qu'en arrivant à Piano di Sorrento près Sorrente, qu'elle est un peu remarquable.

Il n'y avait plus de place dans les hôtels, et nous n'étions cependant pas disposés à passer la nuit à la belle étoile. Le maître de l'hôtel où nous dînions, (cet hôtel est la maison du Tasse), avait une maison de campagne, il nous proposa d'aller nous y installer, ce que nous fîmes; c'était une charmante villa à l'Italienne avec des portiques et un grand jardin d'orangers, de citronniers, nous n'avions pas perdu au change.

Le lendemain de bonne heure; nous nous sommes embarqués dans une petite nacelle à voile, avec 4 rameurs, pour aller à l'île de Capri. En allant, la mer était assez calme et d'un bleu foncé : je trouve la Méditerranée bien plus belle que l'Océan à cause de sa couleur. Nous avions 3 heures de traversée; par un beau temps, c'est un plaisir, lorsque la mer est inoffensive pour vous. Arrivé à Capri, nous avons déjeûné, toujours sur une terrasse au bord de la mer, voulant jouir de sa vue le plus possible. L'île de Capri a été habitée par l'Empereur Tibère, on y voit encore quelques ruines de son palais et de ses bains; on y montre l'endroit d'où il faisait précipiter ses victimes dans la mer.

Nous ne voulions pas quitter l'île sans visiter la grotte d'azur, et cependant l'orage grondait, la mer était devenue mauvaise, plusieurs personnes s'étaient décidées à coucher à Capri plutôt que de l'affronter, mais je

voulais absolument voir la grotte et retourner
ensuite à Sorrente. Une fois embarqués, je
ne pus me défendre d'un peu de crainte, pour
aller à la grotte il faut longer les côtes; les
vagues étaient très-hautes et nous allions
contre elles : plusieurs fois je cru que nous
étions engloutis par cette masse d'eau qui
était au-dessus de nos têtes, et je ne pus
m'empêcher de jeter un cri de détresse. J'ai
su plus tard que le patron de la barque n'avait
pas été sans inquiétude; sa manœuvre, du
reste, nous le faisait comprendre. Un instant
avant d'arriver, une lame est venue nous couvrir, nous étions trempés. Pour entrer dans la
grotte, l'ouverture est très-basse, et on est
obligé de se coucher dans une petite barque
qui vient vous chercher; rien ne doit en dé-
passer le bord, on ôte même les rames. Une
fois ce passage franchi on jouit d'un beau
spectacle, on a au-dessus une voûte spa-
cieuse et au-dessous une mer d'azur, non
plus, bleue foncé comme la pleine mer, mais
bleue comme le ciel et si limpide qu'on en
voit le fond. Le batelier se jette à la nage pour
vous faire remarquer un effet extraordinaire,
qu'il est difficile de rendre, son corps est

comme un métal brillant qui se meut dans les flots, tandis que sa tête, qui est hors de l'eau, est comme celle d'un nègre. En quittant la grotte, nous reprîmes notre nacelle, je me couchai au fond sur des coussins, afin de moins voir les vagues qui m'effrayaient un peu, et au bout de 3 heures nous rentrions à Sorrente pour passer la nuit. Le lendemain nous retournions à Naples, où quelques jours de repos nous étaient nécessaires.

Le musée Borbinico à Naples, est très-intéressant, à cause surtout des fresques mosaïques, bijoux, objets de bronze; statues, ustensiles de ménage de toutes sortes, trouvés à Pompeï et à Herculanum, il est curieux de voir comment le malheureux peuple de la première de ces villes, a été détruit en un instant au milieu de ses occupations. Le plus grand nombre des habitants assistaient au moment de la catastrophe, à un combat de gladiateurs à l'amphithéâtre, situé à l'extrémite de la ville; ils ont pu en échapper. On voit au musée des gâteaux et des pains qui sortaient du four, des marmites encore remplies de pâtes; enfin la vie était en pleine activité dans cette ville, qui en quelques heures n'était plus qu'un vaste tombeau!

Reprenant nos excursions aux environs de Naples, nous avons été à Puzzoles par la grotte de Pausilippe, immense tunnel qui traverse toute la montagne; au-dessus est le tombeau de Virgile. On visite à Puzzoles le cratère de la Solfatara, à demi éteint; il s'en échappe toujours des fumeroles, et la nuit on y voit des flammes. Les anciens plaçaient les enfers dans ces contrées. M'étant approchée un peu trop près, la chaleur me suffoqua et je faillis brûler mes vêtements. En descendant de la Solfatara vers Pyrolles, on visite l'amphithéâtre, remarquable par sa solidité et sa grandeur; il pouvait contenir 30,000 spectateurs. Ce fut dans cette même arène que, pendant la persécution de Dioclétien, on livra saint Janvier aux bêtes féroces, qui épargnèrent le saint; il fut alors conduit près de la Solfatare, où il fut décapité. L'amphithéâtre n'est déblayé que depuis 1838; il avait été entièrement recouvert par les laves du volcan.

Le temple de Sérapis est la plus grande curiosité de Puzzoles. On y voit de belles colonnes, qui, s'étant trouvées submergées par les eaux de la mer, son remplies de coquillages qui les ont perforées. Il y avait tout autour de ce temple des salles de bains pour les malades; les sources qui les alimentaient existent encore.

Auprès de Puzzoles est le Monte Nuovo qui s'éleva en une nuit dans l'année 1538, et combla en partie le lac Lucrin qui occupait le fond d'un ancien cratère. Quelle dut être la stupéfaction des habitants voisins (qui n'avaient rien entendu, à ce que dit l'histoire), de trouver le lendemain matin une montagne à la place de leur lac poissonneux.

Le reste de cette excursion du côté de Baïa offre peu d'intérêt. C'est dans ces lieux que Néron fit donner la mort à sa mère Agrippine. Le couvent des Camaldules est situé sur une haute montagne, à très-peu de distance de Naples; on a de ce couvent, ainsi que de celui de St-Martin, situé au-dessus de Naples même, près du fort St-Elme, les plus belles vues qu'on puisse admirer; ces couvents sont très-curieux à visiter, ils renferment plusieurs chefs-d'œuvre; malheureusement les dames n'y entrent pas.

De St-Martin au lac d'Aguano, la route est admirable. Ce lac d'Aguano est ainsi appelé à cause des serpents qui y paraissent au prin-

temps; il y a aussi des grenouilles en quan-
tités considérables; on ne peut marcher sur
les bords sans en écraser quelques-unes.
Sans ces inconvénients et la *malaria* qui y
règne l'été, ce serait un séjour enchanteur !

Nous avons visité le château royal de Ca-
serte; il est très-grand et bien bâti, mais
triste; nous avons trouvé le parc avec ses
cascades au-dessous de leur réputation, ce
qui est magnifique, c'est l'aqueduc de Madda-
loni qui a été élevé pour alimenter les cascades
du château. La route est très-belle; ce n'est
qu'aux environs de Naples que j'ai admiré
une sorte de plante grasse, qui couvre les tous
talus; elle produit une fleur ressemblant à une
marguerite rose de la plus grande beauté.

Toute la campagne de Naples est admirable de fertilité et de végétation; le 15 avril, le
blé avait cinq pieds de haut, et les épis étaient
presque mûrs. Ce que je trouve très-gracieux,
c'est la vigne qui court en festons d'un arbre
à l'autre; toutes ces guirlandes font sans cesse
croire aux préparatifs d'une grande fête cham-
pêtre.

Rien n'est risible comme de voir le *co-
ricolo* à Naples. Ce véhicule, qui a la forme

d'un tilbury et n'a l'apparence que de deux places lorsqu'il est vide, contient pourtant jusqu'à vingt personnes. Il y en a de tous les côtés, sur les brancards, sur la traverse par derrière, puis dans un filet qui est au-dessous de la voiture; il faut cependant avec cette charge que le malheureux cheval aille toujours au galop.

ARR. LE 15 AVRIL. ROME. — DÉP. LE 29 AVRIL.

La nécessité de repasser par Rome pour aller à Ancône, l'autre route étant dangereuse à cause des brigands, fut un bonheur pour moi. Je ne serai jamais rassasiée de Rome ! J'ai revu St-Pierre, le Vatican, le Colisée, le Pincio, plusieurs églises, je vais encore quitter tout cela avec regret.

Nous avons assisté, à Rome, à un théâtre en plein air dans le mausolée d'Auguste. Soyez donc Auguste, pour qu'on établisse un théâtre dans votre tombeau ! Aussi, pourquoi les anciens faisaient-ils leurs tombeaux assez grands pour contenir, ou théâtre, ou caserne, ainsi que le fort St-Ange, autrefois mausolée d'Adrien ? Le spectacle nous a amusés à cause de son originalité.

ARR. LE 2 MAI. — ANCÔNE. — DÉP. LE 3 MAI.

Deux jours et deux nuits en voiture de Rome à Ancône vous refroidissent un peu de l'amour des voyages; nous nous sommes arrêtés à deux heures d'Ancône pour visiter Lorette, seul but de ce voyage, tout à fait dénué d'intérêt sans cette intention. J'ai vu la maison de la Sainte Vierge, j'ai eu le bonheur d'y entrer et d'y prier! La basilique, qui renferme cette bienheureuse habitation, est on ne peut plus digne d'intérêt par toutes ses richesses artistiques et autres.

De Lorette à Ancône, ce n'est plus qu'une promenade. Ancône a le plus beau port de la mer Adriatique, mais cette ville ne m'a pas plu du tout; était-ce parce que nous y étions mal logés et mal nourris? peut-être! les souffrances du corps influent tellement sur l'esprit! J'étais bien aise de quitter cette ville, de toutes celles que j'ai vues la plus triste!

ARRIVÉE LE 3 MAI. — BOLOGNE.
DÉPART LE 6 MAI.

Une journée de chemin de fer sépare Ancône de Bologne; la route est peu intéres-

sante. Bologne est une ville qui a son cachet
tout particulier; toutes les rues sont en arcades, de sorte qu'on peut se promener en tout
temps par la pluie ou par le plus ardent soleil, sans être incommodé par l'une ou par
l'autre. On a même construit un portique de
640 arcades conduisant sur le haut d'une
montagne, au pèlerinage de Saint Luca, où
on vénère un portrait de la sainte Vierge, at-
tribué au peintre évangéliste. Il y a beaucoup
d'églises à Bologne; deux ou trois seulement
sont remarquables, principalement Saint-
Dominique où est le magnifique tombeau de
ce saint; il y a aussi quelques belles peintures.

Nous avons visité Saint-Michel, ancien
couvent de Bénédictins, actuellement *palazzo
reale*, admirablement situé sur une colline,
d'où on a une vue très-étendue. J'ai été étonnée de la magnificence de cet intérieur mo-
nastique, c'est un vrai palais : les religieux
n'y étaient qu'au nombre de 30, et on y peut
loger jusqu'à 200 personnes. Il y a plusieurs
chefs-d'œuvre tant en sculpture qu'en peinture.

C'est au musée de Bologne que se trouve

la Sainte-Cécile de Raphaël, tableau admirable ! Il y en a aussi beaucoup de Guide, plusieurs très-remarquables. J'y ai vu la mort de sainte Agnès par le Dominiquin, et des tableaux des trois Garrache; Francesco est le plus grand artiste des trois frères; c'est lui qui a peint la communion de saint Jérome, presque copiée entièrement par le Dominiquin, dont c'est le chef-d'œuvre. Il y a aussi dans ce musée plusieurs Francia; cet artiste me plaît, il a beaucoup de rapport avec Fra Angelico, mon peintre favori, dont la peinture parle à l'âme, en même temps qu'elle plaît aux yeux par la beauté et la finesse du pinceau. De Bologne, nous avons été à Parme, comme on va de Paris à Versailles. Cette petite ville est assez gentille, mais à peu près déserte. Ce qui nous y attirait, c'étaient les œuvres du Corrège, et en les admirant, nous n'avons pas regretté d'avoir fait ce petit voyage; rien n'est beau comme son Saint-Jérome qu'on dit être son chef-d'œuvre, je lui préfère pourtant la Vierge à la Tasse; c'est une des peintures qui m'ont fait le plus d'impression.

ARRIVÉE LE 6 MAI. — VENISE.
DÉPART LE 15 MAI.

De Bologne à Venise, il y a une longue journée de voitures et de chemin de fer, journée bien fatigante. Nous sommes entrés à Venise à onze heures du soir, par un clair de lune magnifique; c'était un spectacle ravissant. La gondole, qui nous conduisait à l'hôtel, nous berçait doucement, nous faisant passer devant ces églises, devant ces palais d'un style qui m'était inconnu; enfin, en tournant un canal, nous nous sommes trouvés dans le Grand-Canal de Saint-Marc en face la belle place qui porte ce nom. Le palais des Doges, l'église Saint-Marc, le Campanille, les colonnes du Lion de Saint Marc et de Saint Théodose, éclairées par la lune, me rappelèrent ma soirée au Colisée; ce spectacle était si beau que, malgré notre fatigue, nous ne nous lassions pas de l'admirer.

L'église Saint-Marc est la plus riche en mosaïques de toutes celles que j'ai vues, et sans doute du monde entier; elle en est couverte de tous les côtés, à l'extérieur comme à l'intérieur. Cette charmante église est du style byzantin. Au-dessus du portail, se trouvent les fameux chevaux dorés qui ont été à Paris sur l'arc de triomphe du Carrousel, et, qui auparavant, avaient voyagé de Rome à Constantinople, et de Constantinople à Venise. On conserve, dans le trésor de Saint-Marc, le clou, l'éponge et le roseau de N. S., ainsi que le couteau qui lui servit à la Cène, et beaucoup d'autres objets précieux. Le palais ducal ou des Doges est un monument unique dont aucun autre ne peut donner l'idée. Sa structure est à la fois sévère et gracieuse. Nous y avons visité la salle du Grand-Conseil, celle du Conseil des Dix, du Conseil des Trois, et le Tribunal de l'Inquisition. Il s'est passé dans ce palais de bien terribles drames! On y voit tous les portraits des Doges, mais celui de Marino Faliero, de lugubre mémoire, y est caché par un voile : c'est dans l'intérieur même du palais, au haut de l'escalier des Géants, que ce Doge a été décapité.

Le palais impérial a eu aussi notre visite : il y a plusieurs beaux tableaux du Tintoret; nous y avons remarqué une Présentation au Temple par Bonifacio, et surtout une Descente de Jésus-Christ aux Limbes de Giorgione; ce tableau m'a paru admirable!

Les îles qui entourent Venise sont en grand nombre. La plus grande est le Lido, qui défend Venise du côté de la mer. Près du Lido est la petite île de Saint-Lazare, qui appartient à un couvent d'Arméniens; j'y ai vu la petite chambre que Lord Byron a habitée pendant six mois.

Murano est aussi une grande île du côté du continent; il y a beaucoup de fabriques de perles et de glaces, nous en avons visité quelques-unes. Si ce n'est Saint-Marc, les églises de Venise me plaisent peu; elles me font toutes l'effet d'un musée d'antiquités; ce ne sont que tableaux et tombeaux, que j'aimerais mieux voir ailleurs.

A Santa-Maria-Dei-Frari sont les tombeaux du Titien et de Canova; ce dernier est très-remarquable. L'église du Rédempteur me plaît mieux que les autres; elle possède dans sa sacristie trois chefs-d'œuvres de Jean Bellin, dont j'aime beaucoup la peinture.

La place Saint-Marc, qui est l'unique promenade à pied des Vénitiens, est belle et vaste; elle ressemble beaucoup à notre Palais-

Royal, qui, je crois, en est la copie. Elle est entièrement couverte de belles dalles formant des dessins, qu'on ne craint pas de voir détruire par les chevaux ou par les voitures, dont Venise est totalement dépourvue ; mais si on ne voit à Venise aucun quadrupède, il n'en est pas de même des volatiles ; la vie des pigeons y est respectée : il est défendu d'en détruire un seul ; aussi le nombre en est considérable, et, lorsque les hommes de bronze sonnent deux heures à la grande horloge, ils viennent tous s'abattre sur la place où ils reçoivent ainsi, chaque jour, leur nourriture.

Hier au soir, vers sept heures, il faisait une délicieuse soirée, nous en avons profité pour faire une promenade en gondole, dans le Grand-Canal de la Giudecca et dans les Lagunes. Rien n'est confortable et charmant comme la gondole ; à demi couchés sur des coussins, et mollement balancés, vous n'éprouvez aucune fatigue ; ce confortable augmente le plaisir dont on jouit par les yeux. La mer était encore éclairée par les derniers rayons du soleil ; elle était comme dorée jusqu'à l'horizon, où le ciel marquait une ligne plus sombre, d'un violet foncé ; les gondoles et les gondoliers se détachaient en noires silhouettes sur cette mer et sur ce ciel; quelques étoiles apparaissaient au-dessus de nos têtes; c'était ravissant! Nos gondoliers se mirent à chanter les Octaves du Tasse; il y avait dans tout cela une harmonie qui nous saisissait, nous rendant silencieux et attentifs. Nous voguions ainsi de lagune en lagune, ne calculant plus le temps; ce ne fut que la nuit qui nous força de rentrer à Venise.

ARRIVÉE LE 15 MAI. — MILAN.
DÉPART LE 22 MAI.

Milan est à mon avis, une des plus jolies villes de l'Italie; elle est bien bâtie, ses rues sont larges et propres, ce qui est très-rare dans tout ce pays. Une promenade charmante, des marronniers centenaires, qui entourent la cité, enfin, toutes les facilités de l'existence, en font un séjour très-agréable pour les habitants; mais l'étranger y trouve peu d'aliment à sa curiosité, cette ville étant totalement dépourvue d'intérêt artistique. Lorsqu'on a admiré la cathédrale, qui est très-belle, et deux musées, on n'a plus rien à voir.

La cathédrale mérite une attention toute

4

particulière et de détails. Vue d'en haut, surtout, elle est admirable; il faut gravir 446
marches, pour arriver au haut de la flèche la
plus élevée, qui est surmontée par la statue
de la sainte Vierge. De là, on plane sur une
forêt de flèches plus petites (130), dont chacune supporte 24 statues de saints. Tout est en
marbre blanc, d'un travail exquis de finesse,
une vraie dentelle de marbre. Ce que j'ai surtout admiré, c'est le sentiment profondément
religieux, qui a dû inspirer l'architecte d'un
aussi bel édifice! En effet, il semble qu'on
assiste à une immense ascension; la sainte
Vierge qui est la plus élevée montre la route,
et va s'élancer dans les cieux, entraînant à sa
suite cette quantité innombrable de saints et
de saintes; enfin, l'édifice lui-même semble
quitter la terre, jaloux d'abriter jusqu'au ciel
dans ses jolies niches à jour les saints qui y
sont placés.

Sous le maître autel de la cathédrale se
trouve le tombeau de St Charles de Borromée,
qui y repose vêtu de ses habits sacerdotaux.
On le voit, au travers d'un sarcophage de
cristal, les jours de fête; et ce sarcophage
est recouvert en tout autre temps d'un autre

en argent, d'une magnificence extrême. La chapelle funéraire a coûté près de 4 millions; ce n'est qu'argent massif, marbres et pierreries fines.

Le musée *Bréra* possède beaucoup de jolies fresques de Bernardino Luini, le *Mariage de la Vierge*, par Raphaël, — *Abraham renvoyant Agar*, par le Guerchin, — *la Prédication de saint Marc à Alexandrie*, par Jean Bellin, ce tableau est d'une grande originalité. C'est au musée de la bibliothèque Ambroisienne que se trouve le magnifique carton de la fresque de Raphaël, *l'Ecole d'Athènes*, qui est au Vatican. Les cartons de Léonard de Vinci qui sont très-curieux sont aussi dans ce musée, la bibliothèque Ambroisienne conserve beaucoup de manuscrits précieux, on y remarque surtout un Virgile, noté de la main de Pétrarque; une traduction latine de l'historien Josèphe, manuscrit sur papyrus, de la plus haute antiquité. On voit aussi dans cette bibliothèque des lettres de la fameuse Lucrèce Borgia; l'une d'elle est accompagnée d'une mèche de-ses blonds cheveux.

A Milan, nous avions retenu un voiturin qui devait aller nous attendre à Baveno, pour traverser le Simplon. Pendant que notre domestique et nos bagages se dirigeaient vers cette petite ville, nous faisions l'excursion des lacs. Nous partîmes de Milan en chemin de fer jusqu'à Côme, au bord du lac de ce nom; là nous prîmes le bateau à vapeur qui nous conduisit à Gadenabia, position charmante et joli hôtel au bord du lac; nous y avons passé la nuit.

Le lendemain matin, nous reprenions le bateau pour Ménagio, que nous devions quitter aussitôt notre repas; mais le mauvais temps nous y retint toute la journée et la nuit suivante, que nous aurions bien voulu passer autre part, l'hôtel étant des plus mal tenus. Enfin, le lendemain nous avons pris une voiture, pour franchir la distance qui existe entre le lac de Côme et celui de Lugano que nous traversâmes dans toute sa longueur, et le soir même nous arrivions à Luino au bord du lac Majeur. Après le dîner, nous avons fait une charmante promenade dans les environs, et, comme nous rentrions à la nuit tombante, nous voyions tout autour de nous voltiger les Luccioles, jolies mouches lumineuses, comme j'en avais déjà vu à Salerne et surtout à Milan. Le lendemain, à 5 heures du matin, nous nous embarquions de nouveau, pour aborder à Baveno, de l'autre côté du lac Majeur. Là, notre voiturin nous attendait bien impatiemment, car, à cause du mauvais temps, nous étions en retard d'une journée.

Nous avons passé cette nuit à Domo d'Ossola, au pied du Simplon; de là, au village de ce nom, il y a une demi-journée de voiture. En partant de Domo d'Ossola, la pluie commençait à tomber; mais à mesure que nous gravissions la montagne, la pluie se changea d'abord en neige fine, puis ensuite en gros flocons; la terre en fut bientôt couverte de l'épaisseur d'un pied : toutes ces montagnes blanches, ces arbres dont on n'apercevait plus les feuilles, ce brouillard, cette neige qui tombait si serrée, tout cela produisait un spectacle magnifique dans son genre; je me croyais transportée en Sibérie : quelques jours auparavant, nous avions 32 degrés de chaleur à l'ombre, à Milan; et dans ce moment, il y avait à notre passage 2 à 3 degrés de froid au dessous de zéro. Arrivés au Simplon, on nous fit un grand feu pendant que nous déjeûnions, nous avions

4.

bien besoin de l'un et de l'autre. Nous devions
repartir au bout de deux heures. L'aubergiste
vint nous dire qu'il serait très imprudent de
nous mettre en route, parce que, le courrier
qui venait en sens inverse n'étant pas encore
passé, il était très-probable que le chemin
était obstrué : et, ajoutait-il, « je vous engage
à attendre son arrivée. » Je n'en voulus rien
croire, prenant ses avis officieux pour le
désir de nous garder plus longtemps, et
n'étant pas désireuse de passer la nuit en cet
endroit, je voulus partir. La neige continuait
toujours; on entendait le bruit des avalanches,
et les chevaux avançaient avec peine. Enfin,
après deux lieues de marche, force nous fut
de nous arrêter. On nous prévint qu'une
avalanche, tombée il y avait quelques instants,
couvrait la route d'une épaisseur de 10 à
12 pieds, sur l'espace d'une demi-lieue, le
courrier était resté de l'autre côté, et il était
matériellement impossible d'aller plus loin
que l'hospice, tenu par les religieux du mont
Saint-Bernard.

On nous assura que nous y trouverions une
bonne hospitalité; mais nous en étions à une
heure de marche et nous préférâmes retour-

ner au Simplon. Aussitôt que l'aubergiste m'aperçut, il me dit qu'il m'avait gardé la plus belle chambre, où on avait fait un bon feu, parce qu'il était bien sûr de nous voir revenir. Je trouvai le procédé peu ordinaire, et j'en fus d'autant plus reconnaissante que son hôtel était plein; je n'aurais eu que la dernière place je n'aurais pu rien dire, car je ne l'aurais pas volé. J'avoue que j'étais assez satisfaite de me trouver à l'abri; à chaque instant, on entendait, comme le bruit du tonnerre, l'avalanche qui roulait dans la montagne; j'étais fatiguée, et je m'endormis à ce bruit. Le lendemain, le beau temps était revenu, et la neige fondait; mais il nous fallut attendre jusqu'à 2 heures que la route ait été déblayée par les cantonniers qu'on y avait envoyés en grand nombre, et qui avaient travaillé la veille toute la journée et toute la nuit. Nous reprîmes donc notre route; en passant devant l'hospice, grand et bel édifice, que Napoléon a fait construire pour les voyageurs : nous fûmes convaincus que nous y eussions été parfaitement. Un peu plus loin, était le passage le plus dangereux du Simplon, là où l'avalanche avait couvert la route. Il nous fallut passer sous une galerie de neige : elle était tombée si épaisse qu'on avait trouvé plus court d'y creuser un défilé. On passe ensuite sous une cascade qui tombe d'une hauteur extraordinaire! Tout cela était d'un étrange, d'un pittoresque dont on ne peut se faire une idée! Le soir, nous arrivions à Brigues au pied du Simplon. Nous ne devions rester qu'une nuit à Brigues; mais voyant sur un tableau de l'hôtel que le glacier d'Allesch, le plus grand de l'Europe, n'était pas très-éloigné, nous résolûmes d'aller le visiter. Le lendemain matin, nous partions dès six heures, accompagnés d'un guide. Après avoir traversé un pont sur le Rhône, on entre dans un vrai village suisse, composé entièrement de châlets. L'église est curieuse par des détails d'une grande naïveté; j'y ai remarqué, avec peine, un Christ en croix, habillé d'une chemise de toile écrue et d'une robe brune, la tête couronnée de roses. Au-delà de ce village, commence un chemin pierreux des plus difficiles; la pluie qui était tombée depuis deux jours, le rendait encore plus impraticable, et il fallait choisir les endroits pour mettre les pieds, afin de ne pas trop les mouiller, ce qu'il

me fut cependant impossible d'éviter : c'était
d'une fatigue incroyable! Au deux tiers de la
route, je me laissai tomber de lassitude et de
besoin, croyant ne plus pouvoir me relever.
Il y avait déjà 6 heures que nous marchions,
il était donc midi, et nous n'avions rien pris
qu'un peu de pain et de fromage. Nous avions
encore une heure de marche pour arriver à
l'auberge de la Belle-Alpe, située au-dessus
du glacier, c'était là que nous devions déjeû-
nér. Je dis à mon guide d'aller en avant
chercher un homme vigoureux qui se trouvait
à cette auberge, et qui m'y porterait, me
sentant dans l'impossibilité de faire un pas
de plus; mais Anatole m'encourageant et me
tirant après lui, à l'aide du bâton de montagne,
je franchis encore cet espace. Lorsque j'a-
perçus l'auberge à deux portées de fusil, je
retrouvai des forces et me mis à courir pour
y arriver. Il y avait 7 heures que nous étions
partis; la distance de Brigues à la Belle-Alpe
est de quatre lieues en montant. Nous avions
bien besoin de déjeûner; heureusement, tout
avait été prévu; on avait apporté dès le matin
de Brigues tout ce qu'il nous fallait pour la
journée et même pour la nuit, pensant bien

que la fatigue nous retiendrait sur la montagne jusqu'au lendemain. Après deux. heures de repos (il était alors 3 heures), nous nous remîmes en route pour aller visiter le glacier ; c'était encore 5 heures de marche en perspective, pour descendre au glacier et en remonter. La curiosité fut plus forte que la fatigue. Il faut, pour arriver au bord du glacier, descendre par des chemins de chèvres, où le moindre faux pas peut être la mort. Il nous fallut deux heures pour atteindre ce but. C'était un spectacle dont je n'avais pas d'idée ! Cette mer de glace entourée de hautes montagnes couvertes de neige, ces crevasses profondes, bleues comme l'azur du ciel ; tout cela m'attirait, et en même temps je restais confondue et anéantie devant cette étrange nature, n'ayant pas assez de mes deux yeux pour admirer. Après quelques instants de contemplation, je voulus m'aventurer sur le glacier et aller au bord des crevasses, pour juger de leur profondeur. Anatole, ayant voulu en sonder une, y perdit son bâton de voyage. Dans certaines de ces crevasses, lorsqu'on jette une pierre, on ne l'entend pas tomber. Remonter à l'auberge, c'était le plus pénible; aussi, nous n'y arrivâmes qu'à huit heures; cela faisait douze heures de marche dans notre journée : c'était assez joli comme cela. Cependant telle était notre surexcitation, qu'après avoir dîné, au lieu d'aller prendre du repos, nous restâmes à causer auprès du feu jusqu'à minuit. Enfin, après avoir passé la nuit dans ce chalet, nous redescendîmes à Brigues, et là, reprîmes notre voiturin, qui nous conduisit à Sion. Le lendemain, une courbature épouvantable nous cloua à l'hôtel.

ARRIVÉE LE 31 MAI. — LAUSANNE.
DÉPART LE 4 JUIN.

Je finis ici mon voyage. Je reverrai sans doute la Suisse et je n'ai pas besoin d'en parler. A partir de ce moment, nous revenions vite, passant par Bâle et Strasbourg, et restant quelques jours dans chacune de ces villes. Le 10 juin, nous rentrions à Paris, sans avoir eu, pendant ces six mois, aucun sujet de contrariété, et sans que notre santé et notre bonne humeur eussent jamais été altérées.

Madame CÉCILE R.

PARIS-AUTEUIL

IMPRIMERIE DES APPRENTIS ORPHELINS

Roussel. — 40, rue La Fontaine, 40

www.ingramcontent.com/pod-product-compliance
Lightning Source LLC
LaVergne TN
LVHW022017080426
835513LV00009B/762